Livret 6

Vaincre la conjugaison

Toussaint Pirotte,
Inspecteur principal de l'Enseignement primaire

Illustrations : Serge Dehaes

Avec la participation de J.M. Lemoisne,
Directeur d'école à Lille

LABOR

Quai de Commerce, 29
1000 BRUXELLES

D/1992/258/26
ISBN 2-8040-0759-6

Temps utilisés dans les volumes précédents (1)

D'abord les temps simples de l'indicatif. Conjugue les verbes suivants aux temps et personnes demandés:

être	imparfait	il ....
avoir	imparfait	ils ....
devoir	futur simple	tu ....
finir	futur simple	nous ....
revenir	futur simple	elles ....
faire	présent	je ....
dire	présent	vous ....
pouvoir	présent	tu ....
savoir	présent	il ....
partir	présent	ils ....
venir	présent	tu ....
arriver	présent	ils ....
vouloir	présent	il ....
commencer	passé simple	il ....
avancer	passé simple	elles ....
faire	passé simple	elle ....
recevoir	passé simple	ils ....
trouver	passé simple	il ....
aller	passé simple	ils ....
venir	passé simple	elle ....
tenir	passé simple	elles ....
prendre	passé simple	je ....

Temps utilisés dans les volumes précédents (2)

Les temps composés de l'indicatif.
Ecris les formes verbales souhaitées:

marcher	p. composé	tu	....
finir	p. composé	vous	....
aller	p. composé	je	....
partir	p. composé	nous	....
faire	p. composé	elles	....
dire	p. composé	ils	....
être	p. composé	il	....
avoir	p. composé	tu	....
grimper	pl.-que-parfait	ils	....
faire	pl.-que-parfait	tu	....
promettre	pl.-que-parfait	nous	....
creuser	pl.-que-parfait	vous	....
être	pl.-que-parfait	elle	....
avoir	pl.-que-parfait	j'	....
venir	pl.-que-parfait	elles	....
aller	pl.-que-parfait	tu	....
trouver	futur antérieur	il	....
faire	futur antérieur	nous	....
venir	futur antérieur	elles	....
arriver	futur antérieur	ils	....
s'habiller	futur antérieur	elle	....
emporter	futur antérieur	nous	....
remercier	futur antérieur	vous	....

Temps utilisés dans les volumes précédents (3)

Voici un extrait du «Roman de Renart», texte du Moyen Age.

C'est le mois de mai, la fleur monte aux buissons d'aubépine: les herbages et les bois sont verts, les oiselets chantent nuit et jour.
Mais Renart est triste dans le château de Malpertuis: Hermeline crie ferme (Hermeline est la femme de Renart): Percehaie, Malebranche et Rouveau, les trois enfants, pleurent: la faim torture la famille.
Alors Renart quitte le logis: il est seul, mais il jure de rapporter le dîner de la renarde et des petits.
Il laisse la grande route et tourne à gauche. Renart chasse toujours hors des routes et des sentiers: il traverse toute la forêt et arrive dans un pâturage en bas du bois...
... Mais, l'herbe, hélas! est-ce bon pour les renards?
Il galope encore plus loin, avec une faim plus grande: il observe en haut, en bas, il cherche un oiseau, un lapin, un lièvre. En vain.
Enfin il entre dans un chemin: le chemin mène à une ferme. Là habite Constant des Noues, un vilain très riche: il possède coqs, poules, canards et oies, viande salée, jambons et saucisses; cerises, pommes et autres fruits. La cour est close de piquets de chêne, forts et pointus, et aussi d'une haie d'aubépine... Impossible de la traverser!

Transcris ce texte au passé sur une feuille séparée:

C'était le mois de mai ...

Pour compléter le mode indicatif: le passé antérieur (1)

1. Comme tu l'as vu précédemment, à chaque temps simple correspond un temps composé. Indique, dans la grille que voici, à l'emplacement des pointillés, le temps correspondant:

présent	passé composé
imparfait	....
futur simple	....
passé simple	

2. Pour compléter ce tableau, il reste donc à voir quel temps composé correspond au passé simple. Pour découvrir ce temps, observe bien la phrase que voici et complète:

Le renard se glissa sous la haie dès qu'il eut senti l'odeur des poules.

Quels sont les 2 verbes de cette phrase?

a) .... b) ....

Situe-les sur la ligne du temps que voici:

passé *présent* *futur*

L'un des 2 est employé à un temps simple.

Quel est ce verbe? ....

Quel est l'autre verbe? ....

Où se place-t-il sur la ligne du temps par rapport à l'autre? Souligne la bonne réponse: devant - au même niveau - derrière

Il exprime le passé et il est antérieur à l'autre action. On l'appelle le passé antérieur.

Complète maintenant le tableau du n° 1.

3. Indique à quel temps sont employés les verbes dans les phrases que voici:

. . . .	Quand il **eut pénétré** dans l'enclos, le coq
. . . .	**commença** à s'agiter.
. . . .	Les poules **s'agitèrent** dès que le renard
. . . .	**commença** à creuser sous le treillis.
. . . .	Dès que l'autocar **se fut arrêté**, tous les
. . . .	voyageurs **descendirent**.
. . . .	Dès qu'il **fut descendu** de voiture, il **se mit**
. . . .	à l'abri.

4. Observe comment se forme le passé antérieur:

il **eut pénétré** ou il **fut descendu**

↓	↓	↓	↓
auxiliaire ***avoir*** *au passé simple*	*participe passé du verbe conjugué*	*auxiliaire* ***être*** *au passé simple*	*participe passé du verbe conjugué*

Complète de même:

je **fus sorti** ils **eurent marché**

↓	↓	↓	↓
. . . .	. . . .	. . . .	. . . .
. . . .	. . . .	. . . .	. . . .
. . . .	. . . .	. . . .	. . . .
. . . .	. . . .	. . . .	. . . .
. . . .	. . . .	. . . .	. . . .

Le passé antérieur (2)

1. Complète ces tableaux de conjugaison au passé antérieur:

j'eus fini	je fus arrivé(e)
tu	tu ....
il	il ....
elle	elle ....
nous eûmes fini	nous fûmes arrivé(e)s
vous eûtes fini	vous fûtes arrivé(e)s
ils	ils ....
elles	elles ....

Corrige immédiatement l'exercice qui précède. Certaines formes verbales doivent t'étonner car on les rencontre fort peu souvent aujourd'hui. En fait, tu dois pouvoir reconnaître le passé antérieur sous n'importe quelle forme mais, pour ta propre production d'écrit, tu n'utiliseras ce temps, comme le passé simple qu'à la 3e personne du singulier et à la 3e personne du pluriel. Ce sont donc ces 2 personnes seulement que tu dois t'entraîner à bien écrire.

2. Conjugue au passé antérieur, aux personnes demandées. Attention à l'accord du participe passé employé avec l'auxiliaire être:

cueillir	il	elle ....
	ils	elles ....
sortir	il	elle ....
	ils	elles ....
partir	il	elle ....
	ils	elles ....

Le mode indicatif

Dans le texte suivant, souligne les verbes conjugués et indique dans la colonne de gauche à quel temps ils sont employés :

....	Chaque jour, c'est avec son chien Tom que
....	Jacques passait toutes ses heures de loisirs.
....	Dès qu'il était rentré de l'école, Jacques
....	emmenait son fidèle compagnon en promenade.
....	Ce jour-là, dès qu'il eut déposé son cartable, le
....	jeune garçon héla son chien qui ne répondit
....	pas comme d'habitude par un jappement joyeux.
....	Que se passait-il donc ?
....	La maman de Jacques vint à sa rencontre et
....	lui expliqua que son chien
....	avait eu un accident le matin même.
....	Tom était sorti en courant du jardin et
....	s'était jeté sous une voiture qui n'avait pu l'éviter.
....	Il avait une large plaie à la tête mais le
....	vétérinaire assurait que ce n'était pas grave :
....	« Dans deux jours, quand il aura récupéré, il
....	pourra à nouveau accompagner son jeune
....	maître. » avait-il dit.

Le mode conditionnel (1)

1. Dans les phrases suivantes, souligne les verbes qui sont conjugués au conditionnel présent:	Si tu arrives à temps, tu participeras à notre rencontre de football. Si tu arrivais à temps, tu participerais à notre rencontre de football. Il irait te voir s'il savait que tu es malade. Nous pourrions peut-être téléphoner?	
2. Conjugue les verbes suivants au conditionnel présent, aux personnes demandées:		
gagner	il	ils ....
finir	je	tu ....
aller	nous	vous ....
venir	je	il ....
voir	tu	elles ....
savoir	elle	ils ....
faire	tu	vous ....
descendre	il	nous ....
peindre	je	elle ....
courir	tu	il ....
boire	nous	ils ....
se laver	il	nous ....
envoyer	tu	vous ....
prendre	nous	elle ....
sauter	vous	je ....

3. Du conditionnel présent au conditionnel passé. Observe et compare :

Si le pilote n° 1 conduisait bien sa course, il dépasserait dans le virage.	Si le pilote n° 1 avait bien conduit sa course, il aurait dépassé dans le virage.
Ici, l'action de «dépasser» *dépend d'une condition et il est encore temps pour que cette condition se réalise.* *La condition est exprimée à l'**imparfait*** (conduisait) *et le verbe qui vient après s'exprime au* ***conditionnel présent***	*Ici l'action de* «dépasser» *dépendait d'une condition mais il est trop tard pour que cette condition se réalise.* *La condition est exprimée au* ***plus-que-parfait*** (avait conduit) *et le verbe qui vient après s'exprime au* ***conditionnel passé***

4. Dans les phrases que voici, souligne d'un trait les verbes employés au conditionnel présent et souligne de 2 traits ceux qui sont employés au conditionnel passé :

Si le garagiste répare notre voiture à temps, nous irons à la mer.
Si le garagiste réparait notre voiture à temps, nous irions à la mer.
Si le garagiste avait réparé notre voiture à temps, nous serions allés à la mer.
Je serais sorti immédiatement si tu m'avais appelé.
Tu gagnerais du temps si tu prenais ce raccourci.
Si nous avions écouté les prévisions météorologiques, nous aurions emporté nos imperméables.
Cette rivière redeviendrait poissonneuse si on épurait les eaux.

Le mode conditionnel (2)

1. Complète les phrases suivantes:

a) - Si je ne ramais pas, ...

- Si je n'avais pas ramé, ...

- ...., si tu arrivais tôt.

- ...., si tu étais arrivé tôt.

b) - Jacques aurait réussi cet exercice si ....

- Jacques réussirait cet exercice si ....

2. Conjugue aux personnes demandées:

	au conditionel présent	*au conditionel passé*
venir	il	il ....
tenir	tu	tu ....
dire	je	nous ....
faire	nous	vous ....
pouvoir	je	tu ....
être	il	elles ....
avoir	tu	nous ....
écrire	ils	tu ....
rendre	nous	elle ....
aller	tu	nous ....

3. Exprime de 2 manières différentes les faits suivants :	avoir assez d'argent - aller au cinéma pour employer le conditionnel présent : (nous) . . . . pour employer le conditionnel passé : (nous) . . . .
4. Il arrive qu'on emploie le conditionnel... sans avoir exprimé de condition ! Observe et complète :	Le prix du pain augmentera la semaine prochaine. *(On en est certain ; on emploie le futur.)* Le prix du pain augmenterait la semaine prochaine. *(Peut-être, probablement, mais on n'en est pas certain ; on emploie le conditionnel.)*
De même, du certain à l'incertain. Complète :	a) Ton cousin arrivera par le train de six heures. . . . . b) Albert fera partie de l'équipe. . . . .
5. De même (toujours du certain à l'incertain mais dans le passé) :	Pierre a trouvé un oiseau blessé. *(C'est certain ; on emploie le passé composé.)* Pierre aurait trouvé un oiseau blessé. *(C'est incertain ; on emploie le conditionnel passé.)*
De même, transforme du certain à l'incertain :	a) Il a décidé de passer ses vacances à la montagne. . . . . b) Les Noirs se sont révoltés dans cette grande ville. . . . .

Le mode impératif

1. Tu connais bien l'impératif présent. Complète ce tableau :

Va dans la prairie	....	....
....	Marchons vite	....
....	....	Partez
....	....	....
Allons-nous-en	Allons-y	....
....	....	Apportez-en

2. Compare :

Rentre à 8 heures	Sois rentré à 8 heures
On le dit maintenant (dans le présent) mais l'action doit se dérouler dans le futur. Mais ici, on rentre à 8 heures.	*On le dit maintenant (dans le présent) mais l'action doit se dérouler dans le futur. Mais ici on doit **être rentré** pour 8 heures. Il faut que l'action soit passée, à ce moment-là (on peut rentrer à 7 heures, par exemple).*
*C'est l'**impératif présent***	*C'est l'**impératif passé***

De même :

finis	⟶	aie fini
finissons	⟶	ayons fini
finissez	⟶	ayez fini

3. Transforme de même de l'impératif présent à l'impératif passé :

faire	....	⟶	....
	....	⟶	....
	....	⟶	....
revenir	....	⟶	....
	....	⟶	....
	....	⟶	....

4. L'orthographe de l'impératif présent. Souviens-toi:	cherche ⟶	cherche**s**-en
Transforme de même:	a) trouve ⟶	....
	apporte ⟶	....
	jette ⟶	....
	Un trait d'union chaque fois que le verbe conjugué est suivi d'un pronom:	
	cherche ⟶	cherche-le cherche-la cherche-les cherche-moi
Transforme de même 4 fois:	b) donne ⟶	....
	attends ⟶	....
5. L'orthographe de l'impératif passé:	*Comme pour les autres temps composés, quand le verbe se conjugue avec* ***être****, le féminin et le pluriel se marquent au* ***participe passé****:*	
	a) il s'agit de garçons: sois rentré soyons rentrés soyez rentrés	*b) il s'agit de filles:* sois rentrée soyons rentrées soyez rentrées
Conjugue de même: ***partir***	....	....

Le mode subjonctif (1)

1. Compare ces 2 manières de donner des ordres, des conseils :	Va à la poste.	Je souhaiterais que tu ailles à la poste.
	Arrêtons-nous dans cet hôtel.	Je propose que nous nous arrêtions dans cet hôtel.
	Apporte-moi ton cahier.	Je voudrais que tu m'apportes ton cahier.
	*On s'exprime à l'**impératif** à 3 personnes seulement*	*On s'exprime au **subjonctif** à toutes les personnes si l'on veut :* que j'aille à la poste que tu ailles à la poste ...
2. Conjugue à toutes les personnes du subjonctif présent que tu connais déjà bien :	... que je prenne ...	... que je sache ...
	....	....
	....	....
	....	....
	....	....
	....	....
	... que je vienne ...	... que je finisse ...
	....	....
	....	....
	....	....
	....	....
	....	....

3. Observe:

Ce policier intervient lorsque le trafic **ralentit**. *(indicatif présent)*
Ce policier intervient pour que le trafic **ralentisse**. *(subjonctif présent)*

Certaines conjonctions de subordination appellent l'indicatif; d'autres appellent le subjonctif.

4. A toi de voir s'il faut employer l'indicatif présent ou le subjonctif présent. Complète:

rendre
Cette cliente réclame parce qu'on lui .... trop peu.
Cette cliente réclame pour qu'on lui .... son compte.

prendre
J'insiste pour que tu .... ce sirop.

Tu digères mal quand tu .... ce sirop.

savoir
Je vais jouer quand je .... ma leçon.

Je vais jouer sans que je .... ma leçon.

5. Trouve le subjonctif présent des verbes que voici:

aller ... que j' ....
pouvoir ... que tu ....
tenir ... qu'il ....
être ... que nous ....
avoir ... que vous ....
peindre ... qu'ils ....
recevoir ... que je ....
lire ... que tu ....
faire ... qu'il ....

Le mode subjonctif (2)

1. Compare ces situations :	Je voudrais qu'il **pleuve**. Je souhaite que la partie **finisse**. *subjonctif présent*	Je voudrais qu'il **ait plu**. Je souhaite que la partie **soit finie**. *subjonctif passé = aux. avoir ou être au subjonctif présent + participe passé.*
2. Conjugue à ces 2 temps :	*subjonctif présent*	*subjonctif passé*
	que je sache	que j'aie su
	....	....
	....	....
	....	....
	....	....
	....	....
	que je sorte	que je sois sorti
	que tu	....
	qu'il	....
	qu'elle	....
	que nous	....
	que vous	....
	qu'ils	....
	qu'elles	....

Le mode infinitif (1)

1. Voici une série de verbes à l'infinitif. Classe-les dans le tableau qui suit, d'après leur terminaison puis complète librement chaque case du tableau :

savoir	former	finir
grandir	partir	plonger
marcher	sourire	vendre
tendre	vouloir	recevoir

-er	-ir	-re
....	....	....
....	....	....
....	....	....
....	....	....
....	....	....
....	....	....

2. Distingue :

voir	avoir vu
prendre	avoir pris
porter	avoir porté
entrer	être entré(e)(s)
venir	être venu(e)(s)
Infinitif présent	***Infinitif passé*** *(aux. avoir ou être + participe passé)*

3. Dans les phrases suivantes, on a employé des infinitifs. Souligne-les et indique s'il s'agit de l'infinitif présent ou de l'infinitif passé :

.... Ma petite sœur a commencé à rouler à vélo.

.... Je suis heureux d'avoir réussi cet exercice.

.... Je crains d'être rentré trop tard.

.... Il a encore le temps d'arriver.

.... Ils veulent être sortis pour huit heures.

Le mode infinitif (2)

Le verbe à l'infinitif, tu le sais déjà, c'est le verbe non conjugué, tel qu'on le trouve au dictionnaire. Donc, dans tes lectures, lorsque que tu ne comprends pas le sens d'un verbe, tu dois pouvoir l'écrire à l'infinitif pour le rechercher dans le dictionnaire.

1. Exerce-toi avec les verbes conjugués que voici et qui ne sont pas des verbes courants :

	infinitif
avait dérogé	....
irriguaient	....
censurèrent	....
ont fasciné	....
inhument	....
révolutionnaient	....
avaient arpenté	....
entreposent	....
criblaient	....
sont marcottées	....

2. Souligne chaque verbe conjugué du texte suivant et indique au-dessus quel est son infinitif :

Dans la nuit calme, six planeurs viennent de se poser. Une centaine d'hommes en surgissent. Nous sommes près du petit village de Bénouville, le 6 juin 1944. Il est 0 h 20.
Ces hommes, des soldats britanniques, agissent avec rapidité et précision : ils se sont longuement entraînés, en Angleterre, sur une reproduction exacte de leur objectif. Le pont de Bénouville est pris en quelques minutes.

(d'après « 6 juin 1944. Le débarquement » de Marc Rosnais. Collection « Monde en poche ». Nathan)

Le mode participe (1)

1. Observe cette transformation :	Le couvreur travaille sur notre toit et, en même temps, il chante. →	Le couvreur travaille sur notre toit **en chantant**.
	2 actions simultanées exprimées au présent.	*2 actions simultanées, la 1re exprimée au présent et l'autre au* ***participe présent.***

2. Transforme de même et souligne les verbes que tu conjugueras au participe présent :

Le camion des pompiers passe et (en même temps) il actionne sa sirène

. . . .

. . . .

Mon chat s'étire et ronronne.

. . . .

Toute la classe entre dans le bois et chante.

. . . .

. . . .

Nous lisons et nous prenons des notes.

. . . .

3. Compose chaque fois une phrase dans laquelle l'un des verbes sera employé au participe présent :

attendre des amis, lire . . . .

gesticuler, parler . . . .

avancer, surveiller . . . .

. . . .

Le mode participe (2)

1. Transforme les phrases suivantes pour utiliser un participe présent. Attention, les verbes ne te sont pas nécessairement donnés «dans l'ordre» où ils devront se présenter dans la phrase transformée:	*Exemple:* Grand-père lisait et il s'est endormi. Grand-père s'est endormi en lisant. La porte s'est ouverte et a grincé. . . . . Il courait lorsqu'il est arrivé. . . . . Il égalisera le terrain et le ratissera. . . . .

2. Observe comment se forme le participe présent:

marcher	(march)	en marchant
sentir	(sent)	en sentant
rendre	(rend)	en rendant
finir		en finissant

Voilà qui est donc très facile pour les verbes réguliers; transforme ceux-ci:

partir	en . . . .
gonfler	en . . . .
vieillir	. . . .
mentir	. . . .
tondre	. . . .
ramasser	. . . .
marcher	. . . .
sortir	. . . .
se promener	. . . .
mordre	. . . .
courir	. . . .

Il existe aussi des verbes irréguliers pour lesquels la formation du participe présent est plus difficile.

3. Trouve le participe présent de ces verbes:

voir	....	faire	....
avoir	....	être	....
dire	....	savoir	....
lire	....	écrire	....
coudre	....	peindre	....

4. Transformons une fois encore:

Parce que nous sommes partis très tôt ce matin, nous avons évité les embouteillages. → En partant très tôt ce matin nous avons évité les embouteillages.

↓

En étant partis très tôt ce matin, ...

Cette 2e transformation permet d'obtenir le participe passé dans sa forme composée:

en partant → **en étant partis**

Mais on étudie surtout le participe passé dans sa forme simple:

infinitif	*participe présent*	*participe passé*
marcher	marchant	marché
partir	partant	parti
dire	disant	dit

*C'est la forme qui s'emploie avec **être** ou **avoir** pour former tous les temps composés:*

marcher j'ai marché j'avais marché
j'aurais marché

Trouve, pour le même verbe « marcher » au moins 6 formes verbales dans lesquelles tu devras employer le participe passé:

....

....

....

Le mode participe (3)

1. Souligne les participes passés dans les phrases suivantes :

C'est ce qu'on m'a dit. Qui a téléphoné ?
Vous serez surprise. Vous aurez vite trouvé.
Je ne suis pas encore bien éveillé.
On m'a dit que vous étiez venus me voir.
Vous avez toujours eu de la chance.
Aurais-tu gagné facilement ?

2. Ecris le participe passé des verbes suivants :

venir	....	tenir	....
dire	....	faire	....
savoir	....	vouloir	....
pouvoir	....	partir	....
offrir	....	recevoir	....
rendre	....	mettre	....
lire	....	écrire	....
avoir	....	frire	....
prendre	....	conduire	....
asseoir	....	taire	....
éteindre	....	peindre	....
interdire	....	naître	....
être	....	mourir	....
coudre	....	rougir	....
prévoir	....	sortir	....
craindre	....	se nourrir	....
aller	....	atteindre	....
se laver	....	placer	....

3. Compare:	j'ai **aidé** Marie *participe passé*	je veux **aider** Marie *infinitif*

La difficulté, ici, pour les verbes en «-er», c'est qu'on ***n'entend pas la différence*** *entre l'infinitif et le participe passé. Pour savoir s'il faut employer le participe passé ou l'infinitif, on peut remplacer le verbe en «*-***er****» par un autre verbe, notamment un verbe irrégulier, où la différence entre le participe passé et l'infinitif s'entend bien.*

Par exemple:	j'ai aidé ↓ vu fait	je veux aider ↓ voir faire

*4. Ecris «***-é***» ou «***-er***» à la place des pointillés:*

Je voudrais accompagn . . . mon frère, le grand, celui que tu as rencontr . . . la semaine dernière. «Es-tu bien install . . . ?» a demand . . . mon père à son ami qui vient de déménag . . . près de chez nous. Il faut arriv . . . tôt si nous voulons profit . . . de la journée.y

Je ne t'ai pas tromp . . .

Je ne veux pas te tromp . . .

Je n'ai pas pu te tromp . . .

5. Essaie chaque fois de composer une phrase contenant les 2 formes verbales qui te sont données:

a) corriger rédigé . . . .

b) tombé éviter . . . .

Le mode participe (4)

1. Réétudie bien les règles d'accord du participe passé :

un oiseau blessé une mésange blessée des animaux blessés	*employé seul (dans un groupe nominal)*	*le participe passé s'accorde avec le nom*
il est blessé elle est blessée ils sont blessés	*employé avec **être***	*le participe passé s'accorde avec le sujet*
Les chasseurs ont blessé une laie. Cette laie, les chasseurs l'ont blessée.	*employé avec **avoir***	*le participe passé s'accorde avec le compl. d'objet direct **si** celui-ci le précède*

2. Complète les variations en veillant bien à l'orthographe des participes passés :

un club bien équipé	un enfant fatigué
une salle bien	des enfants ....
des salles bien	une fillette ....
une maison entretenue	un camion accidenté
une chambre	une voiture ....
des bâtiments	des véhicules ....

3. De même :

un fermier fatigué	⟶	le fermier est ....
une fermière	⟶	la fermière est ....
des fermiers	⟶	les fermiers sont ....
des fermières	⟶	les fermières sont ....

4. Transforme:

ex.: Il a ouvert la porte.
Cette porte, il l'a ouverte.

Il a promis cette récompense.

. . . .

Il a écrit cette lettre.

. . . .

Nous avons lu ces textes.

. . . .

Il a souligné les fautes.

. . . .

Il a traversé cette grande forêt.

. . . .

J'ai remis ma serviette à sa place.

. . . .

5. Ecris les verbes au passé composé:

pondre
décaper
acheter
réparer
amener
traverser
ensemencer
transformer
acheter

Nous mangeons les œufs que notre petite
poule rousse . . . . Papa
. . . . les meubles qu'il
. . . . chez le brocanteur. Le
garagiste . . . . la voiture qu'on
lui . . . . la semaine dernière.
Un chat . . . . la plate-blande
que nous . . . . Nous
. . . . la maison que nous
. . . . l'an dernier.

Dans le tourbilon des modes et des temps (1)

1. Le présent à différents modes. Complète les tableaux:

indicatif présent		*conditionnel présent*	*subjonctif présent*
avoir	tu	....	....
	nous	....	....
	vous	....	....
être	tu	....	....
	nous	....	....
	vous	....	....
savoir	tu	....	....
	nous	....	....
	vous	....	....
dire	tu	....	....
	nous	....	....
	vous	....	....
faire	tu	....	....
	nous	....	....
	vous	....	....
aller	tu	....	....
	nous	....	....
	vous	....	....

2. Souligne les verbes. Identifie le mode, le temps et l'infinitif:			
phrases	*verbes*		
	mode	*temps*	*infinitif*
Je n'ai jamais eu de chance.	....	....	....
Méfie-toi !	....	....	....
Je voudrais encore une tartine.	....	....	....
Penses-tu ?	....	....	....
Il marchait très vite.	....	....	....
Je te répondrai demain.	....	....	....
Dites, madame !	....	....	....
On aurait dit qu'il n'avait pas entendu.	....	....	....
Il sut alors qu'il ne reverrait jamais son pays.	....	....	....
Pourvu qu'il arrive à temps.	....	....	....
La victoire aurait été certaine s'il avait inscrit ce but.	....	....	....
Je n'avais vraiment pas le temps.	....	....	....

Dans le tourbillon des modes et des temps (2)

1. Souligne les verbes. Identifie le mode, le temps et l'infinitif :			
phrases	*verbes*		
	mode	*temps*	*infinitif*
Je me suis habillé en en vitesse.	....	....	....
Presse-toi.	....	....	....
Pourrais-tu me passer le sel ?	....	....	....
Quand arriverez-vous ?	....	....	....
Vous recevrez mon colis demain.	....	....	....
Il avait annoncé qu'il arriverait en retard.	....	....	....
Ils arrivèrent alors que la rencontre se terminait.	....	....	....
J'aimerais que tu aies terminé ce travail pour demain.	....	....	....
Sans doute aurait-il pris du poisson s'il s'était levé plus tôt.	....	....	....

2. Les verbes de ce texte sont numérotés. Pour chacun d'eux, complète le tableau en indiquant tous les renseignements demandés :

Lorsqu'il arriva[1] au sommet de la colline, il était[2] seul. Ses amis n'étaient pas parvenus[3] à le suivre tant il avait accéléré[4] le pas.

Il déposa[5] son sac au dos contre un arbre, se coucha[6] et repensa[7] à la journée qu'ensemble ils venaient[8] de passer. Il aurait voulu[9] être le matin encore tant la baignade dans la rivière avait été[10] agréable. Il est[11] vrai qu'il faisait[12] tellement chaud à ce moment-là qu'ils n'auraient pas pu[13] continuer à marcher longtemps.

N°	*infinitif*	*personne*	*temps*	*mode*
1	....	....	....	....
2	....	....	....	....
3	....	....	....	....
4	....	....	....	....
5	....	....	....	....
6	....	....	....	....
7	....	....	....	....
8	....	....	....	....
9	....	....	....	....
10	....	....	....	....
11	....	....	....	....
12	....	....	....	....
13	....	....	....	....

Dans le tourbillon des modes et des temps (3)

1. Conjugue le verbe ***être*** *au temps qui convient le mieux:*

Ce jour-là, j' .... malade.

Aujourd'hui, nous .... seuls à la maison.

Quand je .... grand, je voudrais être chimiste.

Nous .... amis depuis que tu .... dans notre classe.

Comme j' .... fier, ce jour-là, quand mes parents m'avaient félicité.

Si tu avais voulu, tu .... premier.

Pourvu que ma robe .... prête pour dimanche!

.... attentif un instant, s'il te plaît!

Dès qu'il .... mieux, il a pu quitter sa chambre.

2. Conjugue le verbe ***avoir*** *au temps qui convient le mieux:*

Je suis sortie dès que j'.............. terminé mon devoir.

Dès qu'il .... son vélo, il voulut l'essayer.

Nous .... froid si nous ne portions pas de laine en hiver.

Je sais que vous doutez de vos résultats mais

.... confiance.

Elle a oublié ses tartines; pourvu qu'elle

n'............ pas faim.

D'après ce que mon voisin m'a dit, sa cane

.... seize canetons.

Il .... dix-huit ans la semaine précédente quand cet accident lui arriva.

3. Complète ce texte en écrivant correctement les verbes qui manquent:	
partir, subj. prés.	Ce matin avant que je . . . . pour
apporter, pas. comp.	l'école, le facteur . . . . un paquet pour moi.
être, imparfait	Papa, qui . . . . en train de prendre
dire, pas. comp.	son café au lait . . . . «Aïe, aïe, aïe,
	des catastrophes en perspective!» et Maman,
ne pas plaire, pas. comp.	ça . . . . que Papa
dire, subj. prés.	. . . . cela et elle
se mettre, pas. comp.	. . . . à crier que
	chaque fois que sa maman, ma mémé,
faire, imparfait	. . . . quelque chose,
trouver, imparfait	il . . . . à redire et Papa
vouloir, imparfait	. . . . prendre son café au lait
dire, passé composé	tranquille, et Maman lui . . . .
être, imparfait	que, oh! bien sûr, elle . . . . juste
	bonne à préparer le café au lait et à faire le
dire, passé composé	ménage, et Papa . . . . qu'il
dire, pl-q-parfait	n' . . . . jamais . . . . ça mais
être, imparfait	ce n' . . . . pas trop demander que de vouloir un peu la paix à la maison.
	(suite dans «Le petit Nicolas et les copains» de Sempé et Goscinny. Folio Junior)

Corrigés des exercices

page 3	il était ils avaient tu devras nous finirons elles reviendront je fais vous dites tu peux il sait ils partent tu viens	ils arrivent il veut il commença elles avancèrent elle fit ils reçurent il trouva ils allèrent elle vint elles tinrent je pris
page 4	tu as marché vous avez fini je suis allé(e) nous sommes parti(e)s elles ont fait ils ont dit il a été tu as eu ils avaient grimpé tu avais fait nous avions promis vous aviez creusé elle avait été j'avais eu elles étaient venues tu étais allé(e) il aura trouvé nous aurons fait elles seront venues ils seront arrivés elles se seront habillées nous aurons emporté vous aurez remercié	

page 5	C'était le mois de mai, la fleur montait aux buissons d'aubépine : les herbages et les bois étaient verts, les oiselets chantaient nuit et jour. Mais Renart était triste dans le château de Malpertuis : Hermeline criait ferme (Hermeline est (ou était) la femme de Renart) ; Percehaie, Malebranche et Rouveau, les trois enfants, pleuraient : la faim torturait la famille. Alors Renart quitta le logis ; il était seul mais il jura de rapporter le dîner de la renarde et des petits. Il laissa la grande route et tourna à gauche : Renart chassait toujours hors des routes et des sentiers ; il traversa toute la forêt et arriva dans un pâturage en bas du bois. ... Mais, l'herbe, hélas, était-ce bon pour les renards ? Il galopa encore plus loin, avec une faim plus grande ; il observait (ou observa) en haut, en bas, il cherchait (ou chercha) un oiseau, un lapin, un lièvre. En vain. Enfin, il entra dans un chemin ; le chemin menait à une ferme. Là habitait Constant des Noues, un vilain très riche ; il possédait coqs, poules, canards et oies, viande salée, jambons et saucisses, cerises, pommes et autres fruits. La cour était close de piquets de chêne, forts et pointus, et aussi d'une haie d'aubépine. Impossible de la traverser !
pages 6 et 7	*1.* présent — passé composé imparfait — plus-que-parfait futur simple — futur antérieur *2.* Les 2 verbes sont : a) se glissa b) eut senti

pages 6 et 7 (suite)

passé — *présent* — *futur*

eut senti / se glissa

«se glissa» est employé à un temps simple.
C'est le passé simple.
L'autre verbe est «eut senti»
Sur la ligne du temps, il se place devant «se glissa»

3\.

eut pénétré :	passé antérieur
commença :	passé simple
s'agitèrent :	passé simple
commença :	passé simple
se fut arrêté :	passé antérieur
descendirent :	passé simple
fut descendu :	passé antérieur
se mit :	passé simple

4\.

je fus sorti		ils eurent marché	
↓	↓	↓	↓
auxil. être au passé simple	part. pas.	auxil. avoir au passé simple	part. pas.

page 8

1\.

j'eus fini	je fus arrivé(e)
tu eus fini	tu fus arrivé(e)
il eut fini	il fut arrivé
elle eut fini	elle fut arrivée
nous eûmes fini	nous fûmes arrivé(e)s
vous eûtes fini	vous fûtes arrivé(e)s
ils eurent fini	ils furent arrivés
elles eurent fini	elles furent arrivées

page 8 (suite)	2. il eut cueilli — elle eut cueilli ils eurent cueilli — elles eurent cueilli il fut sorti — elle fut sortie ils furent sortis — elles furent sorties il fut parti — elle fut partie ils furent partis — elles furent parties
page 9	est : présent passait : imparfait était rentré : plus-que-parfait emmenait : imparfait eut déposé : passé antérieur héla : passé simple répondit : passé simple passait : imparfait vint : passé simple expliqua : passé simple avait eu : plus-que-parfait était sorti : plus-que-parfait s'était jeté : plus-que-parfait avait pu : plus-que-parfait avait : imparfait assurait : imparfait était : imparfait aura récupéré : futur antérieur pourra : futur simple avait dit : plus-que-parfait
pages 10 et 11	1. *Verbes à souligner :* participerais - irait - pourrions

pages 10 et 11 (suite)	2. il gagnerait	ils gagneraient
	je finirais	tu finirais
	nous irions	vous iriez
	je viendrais	il viendrait
	tu verrais	elles verraient
	elle saurait	ils sauraient
	tu ferais	vous feriez
	il descendrait	nous descendrions
	je peindrais	elle peindrait
	tu courrais	il courrait
	nous boirions	ils boiraient
	il se laverait	nous nous laverions
	tu enverrais	vous enverriez
	nous prendrions	elle prendrait
	vous sauteriez	je sauterais
	4. *Verbes à souligner 1 fois:*	irions - gagnerais - redeviendrait
	Verbes à souligner 2 fois:	serions allés serais sorti aurions emporté
pages 12 et 13	2. il viendrait	il serait venu
	tu tiendrais	tu aurais tenu
	je dirais	nous aurions dit
	nous ferions	vous auriez fait
	je pourrais	tu aurais pu
	il serait	elles auraient été
	tu aurais	nous aurions eu
	ils écriraient	tu aurais écrit
	nous rendrions	elle aurait rendu
	tu irais	nous serions allé(e)s
	3. Nous irions au cinéma si nous avions assez d'argent. Nous serions allé(e)s au cinéma si nous avions eu assez d'argent.	

pages 12 et 13 (suite)	*4.* a) Ton cousin arriverait par le train de six heures. b) Albert ferait partie de l'équipe. *5.* a) Il aurait décidé de passer ses vacances à la montagne. b) Les Noirs se seraient révoltés dans cette grande ville.
pages 14 et 15	*1.* va... / marche / pars allons / marchons / partons allez / marchez / partez va-t-en / vas-y / apportes-en allons-nous-en / allons-y / apportons-en allez-vous-en / allez-y / apportez-en *3.* fais / aie fait faisons / ayons fait faites / ayez fait reviens / sois revenu(e) revenons / soyons revenu(e)s revenez / soyez revenu(e)(s) *4.* a) trouves-en apportes-en jettes-en b) donne-le / attends-le donne-la / attends-la donne-les / attends-les donne-moi / attends-moi *5.* sois parti / sois partie soyons partis / soyons parties soyez partis / soyez parties *NB :* soyez parti / soyez partie ... *si on s'adresse à une seule personne (forme polie).*

pages 16 et 17	2. que je prenne que tu prennes qu'il prenne que nous prenions que vous preniez qu'ils prennent	que je sache que tu saches qu'il sache que nous sachions que vous sachiez qu'ils sachent
	que je vienne que tu viennes qu'il vienne que nous venions que vous veniez qu'ils viennent	que je finisse que tu finisses qu'il finisse que nous finissions que vous finissiez qu'ils finissent
	4. ... parce qu'on lui **rend** trop peu pour qu'on lui **rende** son compte pour que tu **prennes** ce sirop quand tu **prends** ce sirop quand je **sais** ma leçon sans que je **sache** ma leçon	
	5. que j'aille que tu puisses qu'il tienne que nous soyons que vous ayez	qu'ils peignent que je reçoive que tu lises qu'il fasse
page 18	2. que je sache que tu saches qu'il sache que nous sachions que vous sachiez qu'ils sachent	que j'aie su que tu aies su qu'il ait su que nous ayons su que vous ayez su qu'ils aient su

page 18 (suite)	que je sorte — que je sois sorti(e) que tu sortes — que tu sois sorti(e) qu'il sorte — qu'il soit sorti qu'elle sorte — qu'elle soit sortie que nous sortions — que nous soyons sorti(e)s que vous sortiez — que vous soyez sorti(e)s qu'ils sortent — qu'ils soient sortis qu'elles sortent — qu'elles soient sorties
page 19	*3.* rouler : infinitif présent avoir réussi : infinitif passé être rentré : infinitif passé arriver : infinitif présent être sortis : infinitif passé
page 20	*1.* déroger — révolutionner irriguer — arpenter censurer — entreposer fasciner — cribler inhumer — marcotter *2.* viennent : venir surgissent : surgir sommes : être est : être agissent : agir se sont entraînés : s'entraîner est pris : prendre
page 21	*2.* Le camion des pompiers passe en actionnant sa sirène. *ou* Le camion des pompiers actionne sa sirène en passant. Mon chat s'étire en ronronnant *ou* Mon chat ronronne en s'étirant.

page 21 (suite)

Toute la classe entre dans le bois en chantant.
ou Toute la classe chante en entrant dans le bois.

Nous lisons en prenant des notes.
ou Nous prenons des notes en lisant.

3. *Par exemple :*
Nous attendons des amis en lisant.
ou Nous lisons en attendant des amis.

Ils gesticulent en parlant.
ou Ils parlent en gesticulant.

Ils avancent lentement en surveillant les alentours.
ou Ils surveillent les alentours en avançant lentement.

pages 22 et 23

1. Grand-père s'est endormi en lisant.
La porte s'est ouverte en grinçant.
(*ou* La porte a grincé en s'ouvrant)
Il est arrivé en courant.
Il égalisera le terrain en le ratissant.
(*ou* Il ratissera le terrain en l'égalisant)

2. en partant
en gonflant
en vieillissant
en mentant
en tondant
en ramassant
en marchant
en sortant
en se promenant
en mordant
en courant

3. voyant
ayant
disant
lisant
cousant
faisant
étant
sachant
écrivant
peignant

pages 24 et 25	*1. A souligner:* dit - téléphoné - surprise - trouvé - éveillé - dit - venus - eu - gagné

2.

venu	été	écrit
dit	cousu	frit
su	prévu	conduit
pu	craint	tu
offert	allé	peint
rendu	lavé	né
lu	tenu	mort
eu	fait	rougi
pris	voulu	sorti
assis	parti	nourri
éteint	reçu	atteint
interdit	mis	placé

4.

accompagner	déménager
rencontré	arriver
installé	profiter
demandé	

trompé
tromper
tromper

pages 26 et 27

2. un club bien équip**é**
une salle bien équip**ée**
des salles bien équip**ées**

un enfant fatigu**é**
des enfants fatigu**és**
une fillette fatigu**ée**

pages 26 et 27 (suite)

une maison entreten**ue**
une chambre entreten**ue**
des bâtiments entreten**us**

un camion accident**é**
une voiture accident**ée**
des véhicules accident**és**

3. un fermier fatigué ⟶ le fermier est fatigué
une fermière fatiguée ⟶ la fermière est fatiguée
des fermiers fatigués ⟶ les fermiers sont fatigués
des fermières fatiguées ⟶ les fermières sont fatiguées

4. Cette récompense, il l'a promise.
Cette lettre, il l'a écrite.
Ces textes, nous les avons lus.
Les fautes, il les a soulignées.
Cette grande forêt, il l'a traversée.
Ma serviette, je l'ai remise à sa place.

5. a pondus
a décapé
a achetés
a réparé
a amenée
a traversé
avons ensemencée
avons transformé
avons achetée

pages 28 et 29

1.

tu as	tu aurais	que tu aies
nous avons	nous aurions	que nous ayons
vous avez	vous auriez	que vous ayez
tu es	tu serais	que tu sois
nous sommes	nous serions	que nous soyons
vous êtes	vous seriez	que vous soyez

pages 28 et 29 (suite)	tu sais nous savons vous savez	tu saurais nous saurions vous sauriez	que tu saches que nous sachions que vous sachiez
	tu dis nous disons vous dites	tu dirais nous dirions vous diriez	que tu dises que nous disions que vous disiez
	tu fais nous faisons vous faites	tu ferais nous ferions vous feriez	que tu fasses que nous fassions que vous fassiez
	tu vas nous allons vous allez	tu irais nous irions vous iriez	que tu ailles que nous allions que vous alliez
	2.		

	mode	*temps*	*infinitif*
ai eu	indicatif	p. composé	avoir
méfie-toi	impératif	présent	se méfier
voudrais	conditionnel	présent	vouloir
penses	indicatif	présent	penser
marchait	indicatif	imparfait	marcher
répondrai	indicatif	futur simple	répondre
dites	impératif	présent	dire
aurait dit	conditionnel	passé	dire
avait entendu	indicatif	plus-que-parf.	entendre
sut	indicatif	passé simple	savoir
reverrait	conditionnel	présent	revoir
arrive	subjonctif	présent	arriver
aurait été	conditionnel	passé	être
avait inscrit	indicatif	plus-que-parf.	inscrire
avais	indicatif	imparfait	avoir

pages 30 et 31	*1.*		
	mode	*temps*	*infinitif*
me suis habillé	indicatif	p. composé	s'habiller
presse-toi	impératif	présent	se presser
pourrais	conditionnel	présent	pouvoir
arriverez	indicatif	futur simple	arriver
recevrez	indicatif	futur simple	recevoir
avait annoncé	indicatif	plus-que-parf.	annoncer
arriverait	conditionnel	présent	arriver
arrivèrent	indicatif	passé simple	arriver
se terminait	indicatif	imparfait	se terminer
aimerais	conditionnel	présent	aimer
aies terminé	subjonctif	passé	terminer
aurait pris	conditionnel	passé	prendre
s'était levé	indicatif	plus-que-parf.	se lever

	2.		
N° infinitif	*personne*	*temps*	*mode*
1. arriver	3e p. du s.	passé simple	indicatif
2. être	3e p. du s.	imparfait	indicatif
3. parvenir	3e p. du pl.	plus-que-parf.	indicatif
4. accélérer	3e p. du s.	plus-que-parf.	indicatif
5. déposer	3e p. du s.	passé simple	indicatif
6. se coucher	3e p. du s.	passé simple	indicatif
7. repenser	3e p. du s.	passé simple	indicatif
8. venir	3e p. du pl.	imparfait	indicatif
9. vouloir	3e p. du s.	passé	conditionnel
10. être	3e p. du s.	plus-que-parf.	indicatif
11. être	3e p. du s.	présent	indicatif
12. faire	3e p. du s.	imparfait	indicatif
13. pouvoir	3e p. du pl.	passé	conditionnel

pages 32 et 33

1. ... j'étais ... (ou j'ai été ou j'avais été)
... sommes
... serai
... sommes ... es ...
... j'avais été ... (ou j'étais)
... tu aurais été ... (ou tu serais)
... soit
Sois
... a été ...

2. ... j'ai eu ...
... eut ...
... aurions ...
... ayez ...
... ait ...
... a eu ... (ou aurait eu)
... avait eu ...

3. je parte
a apporté
était
a dit
ne lui a pas plu
dise
s'est mise
faisait
trouvait
voulait
a dit
était
a dit
n'avait jamais dit
était

Table des matières

Conception graphique : M. Reyguens